快乐读书吧 推荐阅读

孤独的小螃蟹

冰 波/著

广东旅游出版社
悦读书·悦旅行·悦享人生

中国·广州

图书在版编目(CIP)数据

孤独的小螃蟹 / 冰波著. —广州：广东旅游出版社，2020.6
ISBN 978-7-5570-2120-7

Ⅰ.①孤… Ⅱ.①冰… Ⅲ.①童话—作品集—中国—当代 Ⅳ.①I287.7

中国版本图书馆 CIP 数据核字(2020)第 028400 号

孤独的小螃蟹
GUDU DE XIAOPANGXIE

出 版 人：刘志松
策划编辑：蔡　璇
责任编辑：贾小娇
封面设计：宋双成
责任校对：李瑞苑
责任技编：冼志良
出　　版：广东旅游出版社出版发行
地　　址：广州市越秀区环市东路338号银政大厦西楼12楼
合作电话：020-87347732
邮政编码：510060
印　　刷：唐山富达印务有限公司
地　　址：唐山市芦台经济开发区农业总公司三社区
开　　本：710mm×1000mm 1/16
印　　张：6
字　　数：70千字
版　　次：2020年6月第1版
印　　次：2020年6月第1次印刷
定　　价：20.00元

本书如发现印装质量问题，请直接与印刷厂联系调换。

前 言

　　本系列结合新课标和统编版教材中关于小学生阅读的建议和要求，选取人教版教材"快乐读书吧"栏目中所要求的必读名著篇目进行出版。收录了《小鲤鱼跳龙门》《小狗的小房子》《"歪脑袋"木头桩》《孤独的小螃蟹》《一只想飞的猫》。作者以可爱的动物形象，塑造了充满情趣的童话世界，故事情节生动有趣，充满无限的想象，以生动的形象和有趣的故事陪伴了几代小读者的成长，体现了在追求中成长，赞扬了不断进取、团结协作的时代精神。抒情诗式的语言不仅展示了时代的新风貌，而且表达了对美好生活的赞美和追求。

目　录

孤独的小螃蟹 /1

永远的萨克斯 /37

夏夜的梦 /57

蛤蟆的明信片 /79

孤独的小螃蟹

1. 小青蟹不见了

池塘边的小泥洞，里面住着小螃蟹。

小螃蟹坐在洞口晒太阳。

"真舒服哇，"小螃蟹想，"不知道她醒了没有？她总是喜欢在中午睡一会儿。"

小螃蟹举起他的大钳子，在墙上敲了两下："咚，咚。"

隔壁也传来了声音："咚，咚。"

那是住在隔壁的小青蟹敲的。她是

小螃蟹的邻居，她的小泥洞和小螃蟹的小泥洞是并排着的。

小青蟹爬到洞口来，用钳子蘸着洞口草叶上的水珠洗脸。

小青蟹是长得很美的。她的颜色那么青，青得像蓝天。她的钳子也很小，只有小螃蟹的一半儿大。

小螃蟹很喜欢她，总是像大哥哥一样地照顾她。

"快晒会儿太阳吧，"小螃蟹说，"多好的太阳呀。"

"嗯。"小青蟹很乖地说。她和小螃蟹一样，在洞口坐着。

太阳照着他们两个。

小螃蟹睡着了，小青蟹却在想："干

孤独的小螃蟹

吗每天都要晒太阳呢?傻乎乎的……"

她爬过来,用小钳子轻轻地拉拉他。

"小螃蟹,我要走了。"小青蟹说。

"什么?走?到哪儿去?"小螃蟹醒来,吓了一跳。

"我想去找一个更好的地方住……"

小螃蟹很吃惊:"难道这

个地方不好吗?"

小青蟹轻轻地说:"我也不知道,但是我真的要走了。"

"可是,可是……"小螃蟹不知该说什么好。

第二天,看到小青蟹时,她已经走远了。小青蟹转过身来,朝他挥了挥她的小钳子。

小螃蟹很难过。

他用钳子敲敲墙壁:"咚咚。"那边再也不会传过来咚咚的声音了。

小螃蟹一直在洞口坐到天黑。

小螃蟹心里想:小青蟹现在到哪儿了呢?她是不是每天还会晒会儿太阳呢?她身上还是那么青吧……

小螃蟹每天睡觉前还是要敲两下墙壁。

他是敲给自己听的。

然后,小螃蟹就吐一大堆泡泡,把自己藏起来。他难过的时候,总是这样的。

2. 小螃蟹的梦

小青蟹走了以后,一直没有回来。

小螃蟹离开家,去找她了。

走了很远的路,他看到了一条长长的铁路。铁轨闪着光,一直通到看不见的地方。

小螃蟹爬上去,在铁路中间走。

远处传来了一阵"轰隆隆"的声音。

一列巨大的火车,向他开过来。

火车"轰隆轰隆"地叫着,从他的头

上开过去,好像天塌下来似的,又好像要被这声音压扁了。

火车开过去了。

小螃蟹一动也不动地望着开远了的火车。

"多么雄壮啊,多么大啊,多么厉害啊!"小螃蟹很激动,但他想不出更多的话来形容巨大的火车。

当他回到他安静、潮湿的小泥洞,耳边还响着"轰隆轰隆"的火车声。

后来,小螃蟹睡着了,他做了一个奇怪的梦。

这是一个晚上,静静的,天上的月亮弯弯的。小螃蟹开着一列很小的火车,来到了一个芦苇塘边。

塘边有好多个大雁窝。睡在大雁窝

里，一定很暖和吧？

水里站着一只长脚鹭鸶，脚上悄悄地散开一圈圈的水纹。鹭鸶望着天上的月亮，好像在等着谁。

长长的芦苇秆上，挂着一块块小牌子，上面写着："苹果站""草莓站""水蜜桃站"，有一些小甲虫在站牌下等着。他们东看看，西看看，焦急地说："火车怎么还不来呀？"

"轰隆，轰隆。"小火车响着小小的声音，开到了芦苇秆上。

小螃蟹从火车头里伸出他的大钳子，挥着："上车吧，上车吧。"

小甲虫们挤着上了火车。他们上了车，就朝小螃蟹喊：

"小螃蟹,你真棒!真的把火车开来了。我们还以为你不来了呢!"

小螃蟹挥挥钳子,大声说:"哪能呢!"然后,拉响了汽笛,"呜——"

小甲虫们有的在苹果站下车,有的在草莓站下车,还有的在水蜜桃站下车。下车时,他们都没忘了对小螃蟹说一声:"小螃蟹,你真棒!"

小螃蟹也觉得,自己像个了不起的英雄。

火车开到了最后一站——菠萝站。啊,小青蟹就在菠萝站里等着!

小螃蟹赶紧喊:"小青蟹,快上车!"

可是,小青蟹却说:"什么呀,我才不坐你的小破车呢!我要坐的是真正的

大火车，就是你白天看到的那种。"

说完，小青蟹转个身，连看也不看他了。

小螃蟹忽然觉得自己的小火车很没劲。他用脚使劲儿一踩，就把小火车开进水里去了。

"哗——"

白花花的水溅得老高。小螃蟹和小火车一起沉到了水底。

这时候，小螃蟹醒来了。

"原来是个梦呀……"

小螃蟹再也睡不着了。他想：原来，小青蟹是不喜欢坐小火车的。以后，她回来了，我带她去坐大火车，那样，她就满意了吧？

想到这里，小螃蟹一得意，就用他的

大钳子,在墙上敲了两下。

"咚,咚!"

3. 小纸鸟

小螃蟹正在睡午觉,忽然听到一阵翅膀扑棱的声音:"扑扑扑,扑扑扑。"

原来池塘的上方,有一只鸟在飞。

这是一只纸做的鸟。

"飞啊,飞啊,哈哈哈!"小纸鸟一边飞还一边叫。可是,那小纸鸟不好好飞,在天上乱转圈子。小螃蟹想:大概他头很晕吧?

可是,小纸鸟越飞越不像话了。他飞到这棵树上去碰一下,又飞到那棵树上去碰一下。一点儿也不爱惜自己。

小纸鸟是不是在和谁发脾气?

小螃蟹朝小纸鸟喊:"喂,你别乱飞呀,要掉下来的。"

小纸鸟在天上喊:"不害怕,不害怕,我掉下来也不痛!"

从那么高的地方掉下来,会不痛吗?

小纸鸟还是乱飞,一边飞一边喊:"就乱飞,就乱飞,谁让我不是真鸟!"

原来小纸鸟是为这个生气。

小纸鸟最后在一根大树干上重重地碰了一下,终于掉下来了。

他一头栽进了池塘的水里。

"啪啪啪。"小纸鸟胡乱拍了几下翅膀,再也不会动了。

小螃蟹用钳子拉住他,把他捞了上

来。他浑身水淋淋的，软软地耷拉着翅膀。

"把他放在草叶上晒晒干，他还会活的……"

小螃蟹把小纸鸟小心地拆开。这时候，小螃蟹发现，就在这张纸上，也就是小纸鸟心的地方，画着一幅画。画的不是一只鸟，而是一只小螃蟹！

"因为他的心里装的不是他自己，所以他就要乱飞了……其实，小纸鸟这么乱飞，是因为他心里很难受……"

小螃蟹一边等着纸晒干，一边想着。

纸终于晒干了。虽然有点起皱了，但是又硬硬的很有精神了。

小螃蟹用他的大钳子，蘸着泥水，在纸上画起来。

他画上了一只小鸟,小尖嘴在笑着,飞得很快乐的样子。那是小纸鸟自己的样子。

画好了,他又小心地按原来的折印,把小纸鸟折成原来的样子。

刚折好,"嘟"的一声,小纸鸟就飞上去了。

现在,小纸鸟不再胡乱飞了。他展开翅膀,飞得很好。

"谢谢你,小螃蟹!"

小纸鸟飞远了。小螃蟹朝他挥着大钳子。

"现在,小纸鸟在为了自己飞呢。"小螃蟹想。

4."咚咚"鼓

路边有一只可口可乐的空罐子。风

一吹,"骨碌碌"滚到东,"骨碌碌"滚到西。

小螃蟹在散步的时候,硬硬的身子碰了它一下。

"咚"的一声响,声音怪怪的。

小螃蟹爬过去,用大钳子敲了它一下。

孤独的小螃蟹

"咚"又是一声响。声音好响,吓了小螃蟹一跳。

这是个好东西,小螃蟹"骨碌碌"把它推回了家。"我可以把它当鼓来敲。"他想。

"咚咚咚,咚咚咚……"

小螃蟹不停地敲他的鼓,从早敲到晚。他觉得很奇怪,当他的大钳子用力地敲在鼓上,发出"咚咚"的响声的时候,他一点儿烦恼也没有了。甚至,他连小青蟹的事也忘记了。

这鼓可真好!

"咚咚咚,咚咚咚……"

不过,小螃蟹的邻居们可不喜欢听这种鼓声。

好吵呀,好烦呀!

小青蛙来说:"小螃蟹呀,你能不能不敲你的破鼓?吵得我脑袋痛!"

小鱼游到水面上来说:"小螃蟹呀,你一敲鼓,震得水乱摇,我的头都晕了。"

小乌龟来说:"你老敲老敲,我背上的裂缝又要开啦。"

小螃蟹默默地望着大家,被大家骂得呆头呆脑。

不过,他实在太喜欢他的鼓了,只好每天推着可乐罐,"骨碌碌,骨碌碌"推到没人的地方,继续敲。

"咚咚咚,咚咚咚……"

慢慢地,小螃蟹觉得,他能用鼓声说出心里想说可又不知道怎么说的话了。

再后来,这鼓声就是他自己,他变成了一

只鼓,一只会快乐、会悲伤的可乐罐鼓。

"咚咚咚,咚咚咚……"

这鼓声,好像是这静静的大地在说着什么,好像是这淡淡的月亮在说着什么,好像是这凉凉的风在说着什么……

草叶上,有一滴露珠掉了下来。

"咚咚咚,咚咚咚……"

小螃蟹还在敲他的鼓。

等他停下来的时候,他才看见,小青蛙、小乌龟坐在他的旁边。他们的眼睛都直直的,好像在望着老远老远的地方。

"你们……"小螃蟹以为他们又要来赶他走了。

"我们……是想来……听着,听着,就忘了……"小青蛙和小乌龟很难为情地

说,他们想来请他回去,因为听着他的鼓声,身上好像会产生一种力量,再说,小鱼也想听,他又不能游到这里来……

"好吧。"小螃蟹说。

"骨碌碌,骨碌碌",小螃蟹推着可乐罐鼓回家去了。

水面上,小鱼正在游来游去,等着听这鼓声。

5. 树的眼泪

一到晚上,月亮总要照到小螃蟹的小洞口。小螃蟹喜欢呆呆地看月亮。

不知为什么,看着月亮,小螃蟹有时心里就会有一些难过。也没有什么事可以难过呀,为什么就想流眼泪呢?

孤独的小螃蟹

其实，小螃蟹是不会流眼泪的。不过，小螃蟹的眼睛特别像一滴水，或者说，他的眼睛，是那么像一滴泪珠。

小螃蟹还是喜欢看月亮。

有一天晚上，小螃蟹在月光下走出去了。

他来到一棵大树下。这是一棵古老的松树，他很高很高，弯弯曲曲的身上有很多的疤。

他很老很老了。

小螃蟹爬到这棵树上。

上面有一个树洞，看进去黑黑的，透着一股几千年的味道。

小螃蟹爬进这个洞里去了。

在树洞里，小螃蟹摸到了一个很光

孤独的小螃蟹

滑、还透着一点点光亮的东西。他用大钳子钳着它，爬了出来。

它是一颗名贵的琥珀，里面有一只小蚂蚁。

其实，它是一滴树的眼泪。它是一滴几千年前的眼泪。

眼泪里的那一只小蚂蚁，也是一只几千年前的小蚂蚁，他已经在树的眼泪里睡了几千年了。

几千年前，这棵树为什么要流泪呢？这只小蚂蚁，为什么会掉进这滴眼泪里？他在想些什么呢？

小螃蟹想着想着，眼睛慢慢模糊了……

小螃蟹看见了自己。在几千年前，他就在这棵树上爬着。

他在干什么呢？他在找小青蟹。

松树是那么高，树皮是那么的粗糙，好难爬呀。小螃蟹对自己说："我一定要找到小青蟹，我一定要找到她。"

他离开池塘已经很久了，小螃蟹觉得自己身上很干，干得都要像松树皮一样裂开了。

松树呢,在想他的树叶孩子。他看见,一些树叶孩子被风刮下来,吹到看不见的地方去了。松树很伤心。于是,一滴很大的眼泪,从上面流了下来。

大眼泪流下来,把小螃蟹裹了进去,一直掉进了那个黑黑的大树洞里。

小螃蟹和树的眼泪凝固在一起了。一起凝固着的,还有小螃蟹的一个念头,那就是:"我一定要找到小青蟹,我一定要找到她。"

小螃蟹清醒过来了。刚才,都是他的幻想。

他把这粒大大的树的眼泪带回了小泥洞。

这时候,月亮还在天上,冷冷地照着这个小洞口。

小螃蟹想：要是我真的在树的眼泪里睡着了，小青蟹回来看见了，她还会认识我吗？

6."咔嚓咔嚓"剪头发

一天，刚在理发店里理完发的狮子来到池塘边，在水里看自己的影子。看着看着，他见周围没人，忽然大声哭了起来："呜呜……我的头发这么难看，怎么见人哪……"

这么大的哭声，把在泥洞里午睡的小螃蟹吵醒了。他爬到洞口去看：天呀，本来威武雄壮的狮子，现在的头发一缕长一缕短，太难看了！

小螃蟹很想帮狮子，可是，狮子太大了，又那么凶，他不敢过去。

小螃蟹悄悄地爬过去,躲在一块石头背后,看着狮子。

狮子哭了一会儿,就坐在那里叹气。

小螃蟹把他的钳子从石头后面露出来,空剪了几下:"咔嚓,咔嚓。"

狮子没有听到。

小螃蟹又剪了几下:"咔嚓,咔嚓。"

这时,狮子才注意到了:"小螃蟹,你是不是要给我剪头发?那就来吧。"

小螃蟹胆怯地走了出来。

他爬到狮子的头上,用他的钳子,"咔嚓咔嚓"地剪起来。对小螃蟹来说,狮子的头实在是太大了。他剪了好长时间才剪好,很用心,很仔细。

终于剪完了。

狮子在水里照了一下,觉得非常满意。他很想拍小螃蟹一下表示**感谢**,可是又怕把他拍扁了。

小螃蟹赶紧钳了一缕狮子的头发,逃回了自己的洞里。

"嘿嘿,真怪,这只小螃蟹。"狮子笑着摇摇头,走了。

小螃蟹把狮子那一缕头发,粘在墙上,像个很出色的艺术壁挂。

"我会给狮子剪头发!"小螃蟹自己也觉得吃惊。

第二天,小螃蟹又在午睡。忽然,从远处响起来一阵"隆隆"的声音,好像在打雷似的。

声音越来越大了。原来是很大很重

孤独的小螃蟹

的脚踩在地上的声音。

小螃蟹爬到洞口一看,吓了一大跳。原来是很多头大狮子,正在向这里跑来,他们的脚把大地都震得发抖了。

"天啊,是不是我给狮子的头发剪坏了,他们要来报仇?"小螃蟹吓得躲进洞里,连看也不敢向外面看了。

狮子们在池塘周围跑来跑去,好像在找什么东西。大概是找不到吧,他们显得越来越着急,跑得青草地乱糟糟的,灰尘扬满了天。

狮子们最后只好失望地回去了。

其实,这些狮子,都是来找小螃蟹剪头发的。昨天,小螃蟹给剪头发的那头狮子,是狮子王。这些狮子,也希望自己

有一头狮子王那样的头发。

小螃蟹一直不知道这些。他还在洞里害怕呢。

7.一只大钳子

小螃蟹躲在他的泥洞里,很伤心地看着自己。

"没有了,没有了……"小螃蟹难过地说。

他的身上,现在只剩下一只大钳子了。看起来,样子很怪。另一只大钳子到哪儿去了呢?

就在刚才,住在池塘边的小乌龟掉进了一个很深的土坑里,爬不出了。小螃蟹去救他,用大钳子钳住小乌龟,用力地拉他。小乌龟拉上来了。可是,小螃

蟹的一只大钳子却拉断了，很痛很痛啊。

小螃蟹抱着那只断下来的大钳子，看着它发呆，被救起来的小乌龟在一边陪着他哭。

后来，小螃蟹就跑回他自己的洞里来了。

小螃蟹知道，他的钳子还会长出来的，可是，那要过很久，而且，再也长不到原来那么大了。那只大钳子，从他生出来以后，

就一直和他在一起,现在,却没有了……

小乌龟、小青蛙,都来到小泥洞,想来安慰小螃蟹。可是,小螃蟹就是把背堵在洞口,不让他们进来。他觉得自己这副怪样子,没脸见人了。

小螃蟹一直在洞里,呆了好久。

慢慢的,小螃蟹长出了一只新钳子,小小的,白白的,嫩嫩的,虽然不好看,可是,比没有要好多了。

有一天晚上,小螃蟹长出新钳子后第一次出了洞。他想去外面看看。

月亮淡淡的,周围静静的。

"我以前掉下来的那只钳子,不知道还在不在……"

小螃蟹走到那个小乌龟掉下去的土坑前。

孤独的小螃蟹

土坑已经没有了,它已经被填平了。就在这上面,有一座石头搭起来的小屋,在小屋的里面,放着的是——一只大钳子!那就是小螃蟹掉下来的那只大钳子,旁边还写着一句话:"这是小螃蟹救小乌龟时用的大钳子,我们永远纪念它。"

小螃蟹呆住了。他很想哭出来,不过不是因为难过。

但是他没有哭,因为一个男子汉是不能哭的。他慢慢地回去了。

以后,到了夜深人静的时候,小螃蟹就会从洞里悄悄地出来,去那个石头小屋看那只从他身上掉下来的大钳子。虽然他现在的钳子,一只大一只小,

很难看,但是,他觉得自己很像男子汉,像个身上都是伤疤的英雄。

"以后,我在白天也要出去。"小螃蟹想。

8. 小青蟹回来了

有一天晚上,小螃蟹要睡觉了。往常,他睡之前,总要在墙上敲两下的。今天,他也像往常一样,在墙上敲了两下:

"咚,咚。"

本来,小螃蟹就可以睡着了。可是,今天小螃蟹却忽然蹦了起来。因为,从墙的那边,也传来了两声:

"咚,咚。"

他像疯了一样冲出去,跑进隔壁那个小泥洞。那里,自从小青蟹走了以后,

孤独的小螃蟹
GU DU DE XIAO PANG XIE

就是一直空着的。难道……

小泥洞里,小青蟹静静地呆着,正看着他。

真的是小青蟹回来了!

小螃蟹不知道该说什么好:"你,长这么大了?"

小青蟹笑眯眯地对他说:"是呀,你也长这么大了。"

是的,他们都长大了很多,都快是大螃蟹了。

小螃蟹又说:"你,回来啦?"

小青蟹说:"嗯。不管到哪里,还是这里最好……"

小螃蟹太高兴了,举起他一大一小两只钳子,乱舞起来。

小青蟹忽然说:"呀,小螃蟹,你的

钳子怎么……"

小螃蟹说："嗨，原来那只掉了，后来又长出来一只，所以那么小。没什么！"

"小螃蟹，你胆子真大！"小青蟹佩服地看着他。

后来，小螃蟹又回到了自己的泥洞里。他在睡之前，又在墙上敲了两下。

"咚，咚。"

那边也传来了两声"咚，咚。"

小螃蟹很快就睡着了。

他做了一个梦。他梦见自己开着一列小火车，车上坐着好些个小甲虫，小青蟹也坐在他的小火车上。小青蟹说："小螃蟹，你会开火车呀，本事真大！"他一得意，就把小火车开得飞快飞快，吓得小

青蟹大叫。

第二天早上，小螃蟹刚醒来，就看见小青蟹趴在他的洞口，望着他。看他醒了，就对他说：

"小螃蟹，昨天晚上，我梦见坐你开的火车了。是那种很小的、可以在芦苇秆上开的小火车。""是吗？"小螃蟹想，"这可太神了！"

这时候，太阳已经升起来了，阳光从洞口照进来，照着他们两个。

词语积累

照顾：照料。
耷拉：一种耳朵松弛地下垂的状态。
凝固：物质从液态转变为固态的过程。
感谢：用言语行动表示感激。
纪念：用事物或行动对人或事表示怀念。

永远的萨克斯

坐在树洞前,巴可又在吹他的萨克斯了。

巴可是一只棕熊。

早晨的太阳照在他不太好看的脸上。他的鼻子太短,嘴巴又太宽。他不太聪明,而且性情太温和。

"你这样的熊是不太招别的熊喜欢的。"

这句话,是住在不远处的那只熊姑娘米都对巴可说的。当时,巴可听了这

句话,并不难过。他觉得米都说得对。那时候,他还在学吹萨克斯,吹得很难听。

米都是一只很漂亮的熊,她眼睛很亮,长得很结实,毛皮很滑溜。鼻子尖总是湿漉漉的,看起来很健康又很顽皮。

巴可吹了一阵停下来,朝右前方看看。米都就住在那个方向。

"我今天吹的是一段新曲子,说的是萤火虫因为太伤心,满天乱飞,飞着飞着就变成了天上的星星……不知道她听到了没有……"巴可想。

米都在那里吃她的早餐蜂蜜粥,大概有一点儿粘在鼻子上了,她正伸出舌头,使劲儿舔着。

米都一边满意地舔着鼻子,一边向

孤独的小螃蟹
GU DU DE XIAO PANG XIE

巴可走过来。

巴可故意装作没看见,还是吹着他的萨克斯,其实心里很高兴。

"吹了这么久,你不饿吗?"米都站在他面前问道。

巴可摇摇头。"不饿。"他心里却在想:她的鼻子真好看。

"你的萨克斯吹得越来越好了,我很喜欢。"

"我今天吹的是……"

"是一支新曲子,我已经听出来了,里面好像有星星的感觉。不错,挺好的。"

"是吗?"巴可很高兴,想把整个故事讲给她听,"嗯,曲子里……"

"再吹一支新曲子听听。我很爱听

的。"米都打断了他。

巴可有点儿遗憾。

"新曲子?我想想……"

一棵在风里抖动的小草,心里有很多的渴望;

一只淋在雨中的兔子,在等他的信;

一个长在树缝里的蘑菇,想到远方去旅行……

米都忽然站了起来。

"对了,我得去看看我种的菜了,把新曲子留着,我还要听的。"

她很快地往前走了。

巴可看着她的背影,抖动的小草、雨中的兔子、树上的蘑菇全没了。

巴可呆了一会儿,又把那支萤火虫

变星星的曲子吹了一遍。

好像没有第一遍那么好听了。

这时候,离巴可不远的那个小树洞里,有一双黑亮的眼睛闪着。

那是一只果子狸,也是巴可的邻居。她总是默默地听着巴可吹萨克斯,从来也不说话,只是瞪着她那双黑亮的圆眼睛。那双圆眼睛,会随着曲子,一会儿清澈,一会儿恍惚,一会儿蒙眬,一会儿迷幻。不过,巴可从来没有注意过。

"可爱的小果子狸,也不知她听懂了没有。"巴可在心里想着。他觉得,最能听懂他曲子的,只有米都。

"我很喜欢米都。"巴可对自己说。

"你这样的熊是不太招别的熊喜欢

的。"巴可想起了这句话。

他忽然感到心里很难过。傍晚,巴可抱着萨克斯,望着天上一朵胡乱飘着的灰云。

巴可沉浸在他的构思里。

米都小鼻子湿漉漉的,款款地走来。

"巴可,我想听你吹萨克斯。"

她双手支着下巴,眼睛溜一圈,又天真又温柔。

"吹吧,巴可,吹吧。"

巴可提起了萨克斯,吹了起来。

掉在岩石上的一片枯叶,思念着它的青色的树枝;

青苔上的一滴水,掉到了静静的水潭,再也找不到自己;

大海上的一叶帆，努力漂向永远够不着的月亮……

小树洞里，果子狸那双黑亮的眼睛，一会儿清澈，一会儿恍惚，一会儿蒙眬，一会儿迷幻。

巴可吹着，他已经忘记了米都的存在，甚至忘记了还有自己。仿佛他整个生命已变成了那支萨克斯。

"啪。"

巴可从梦中醒来似的，才知道，他的脸上已经被米都亲了一下。

"巴可，你吹得太好了。真让我感动……"

米都说着，两滴眼泪流下来。

巴可也被她的话感动了，差一点也

要掉下泪来。他觉得自己从来没有吹得像现在这么好过。

巴可的心里,仿佛是一支欢乐的萨克斯。

"米都,米都,我……"

米都用她的手掌,盖住了巴可的嘴巴。

"巴可,你的曲子,使我想起了……想起了……"

"什么?"

"想起了……"

"什么?"

"他。"

"他?"

他们沉默了,谁也不说话。

小树洞里,果子狸那双黑亮的眼睛,朝他们看着。

终于,米都说话了。"昨天他来找我,就是山后那只年轻的熊,他叫我住到山后去。我……我不想去,他就火了,踢了我一脚,走了。可是,可是,不知为什么,我现在……挺想他的……"

"……"

巴可不知该说什么。他只看见,米都的鼻子,现在变得很干。

"巴可,没有一只熊能像你这样把萨克斯吹得这么好。你真招人喜欢。"

巴可看见,米都的鼻子干得发白,湿漉漉的鼻子不见了。

这时候,响起来很重的脚步声。

一只高大、年轻、健壮的棕熊出现在他们面前。

他厌恶地看了一眼萨克斯。

"米都,你怎么又在这里?你到底跟不跟我去?"

米都默默地站起来。

米都跟他去了。

孤独的小螃蟹

巴可低下头,不去看他们越来越小的身影。

眼睛黑亮的果子狸从树洞里出来,轻轻走到巴可的面前。

萨克斯在月光下闪着黄色的亮光,恍恍惚惚的。

果子狸轻轻地摸了摸萨克斯。

"巴可,我也想有这么一支萨克斯。"

巴可呆呆地看了果子狸一会儿,忽然吼起来:

"萨克斯有什么用!萨克斯有什么用!"

巴可把萨克斯重重地往地上一摔,噔噔噔地走了。

果子狸被吓了一跳,看着扔在地上的萨克斯,不知怎么办才好。

过了好一会儿，果子狸抱起地上的萨克斯，试着吹了一下。

"噗——"

那声音，就像是有人在呜咽。

当巴可再次看见萨克斯，是在他自己的树洞口。它浑身闪着亮光，显得**神采飞扬**。萨克斯下面压着一张字条，上面写着：

巴可，萨克斯里面有你的生命，别丢了它呀。

那是果子狸放在那里的。她已经用毛把萨克斯的每一个角落都擦过了。

巴可拿起萨克斯看了看，轻声嘟哝着："萨克斯里面有你的生命，萨克斯里面有你的生命……"

终于，巴可摇了摇头。"我已经没有生命了。要它干什么？"

巴可在地上掘了一个坑，把萨克斯放进去。把土埋上去的时候，巴可才明白，他如醉如痴地吹萨克斯，原来都是为了给米都听。现在米都已经不在了，萨克斯也用不着了。

巴可呆呆地坐在树洞口的时候，对面的小树洞里，果子狸那黑亮的眼睛，一直看着他，那双黑眼睛很忧伤。

从此以后，巴可完全变了。

他一天到晚蓬头垢面，在地上躺倒就睡，醒来了，随便在土里挖点什么就吃，嘴里老是哼着："到处流浪，到处流浪……"

果子狸那双黑亮的眼睛,再也不看他了。

有一天,巴可忽然想起来:咦,怎么不见小果子狸了?她到哪儿去了?

他去那个小树洞里看看,里面空空的,果子狸早就搬走了。

"她一定是讨厌我这个叫化子一样的熊,哈哈。都走吧,都走吧,剩我一个,死在这里,烂在这里!哈哈哈!"

巴可这么对自己说着,又哼着曲子走开了。"到处流浪,到处流浪……"他已把萨克斯忘得干干净净了。

巴可不知道时间过了多久。

一天夜里,巴可睡在他的树洞里。树洞里发出一阵阵霉气,但巴可是无所

谓的,依然睡得很死。在梦里,巴可听到了萨克斯。

掉在岩石上的一片枯叶,
思念着它的青色的树枝;
青苔上的一滴水,
掉到了静静的水潭,

再也找不到自己；大海上的一叶帆，努力漂向永远够不着的月亮……

巴可醒来,发现自己眼睛里全是泪水。他不知道自己的泪水是因为难过,还是因为高兴。他以为自己完全忘记了的萨克斯,又那么真切地响了起来。而且,这曲子,就是在他最有才气的那段时间里创作的。

他知道自己原来还是爱着萨克斯的。

可是,巴可的梦醒了,那曲子却还在奏着。不是萨克斯,而是更幽怨一些的长笛。

那声音,就是从对面的小树洞里传来的。巴可跳了起来,奔出去,是果子狸

孤独的小螃蟹
GU DU DE XIAO PANG XIE

在小树洞口吹着长笛。

果子狸停下来,看着巴可。"巴可,我到很远的地方学长笛去了。"

"我……"

"巴可,我吹的全是你创作的曲子。"

"我……"

"巴可,你不吹你的萨克斯了吗?"

"我……"

"巴可,你知道每天的太阳都是新的吗?"

巴可把头低下去了。

仿佛有电在身体里奔流,巴可一转身,朝自己的家门口跑去。他在地里挖起来,挖那只埋在土里的萨克斯。可是,土下面没有萨克斯。巴可开始发疯似的

在地上乱挖起来。一会儿就挖开了一大片土。

果子狸走到他的面前,一道金黄的光一闪。"这是你的萨克斯。"果子狸的手里抱着那支萨克斯。这支铮亮的萨克斯,每一道缝隙里都是铮亮的。"我每天都擦它的。"果子狸说。

巴可忽然发现,这么多天不见,果子狸已经变得这么漂亮了。"果子狸,你……"

"什么,巴可?"

"你为什么要学长笛?"

"因为,长笛里有我的生命。"

"你以前就能听懂我的曲子?"

果子狸低下头,说:"是的,我都懂。"

他们一边说着话,一边往山坡那边

走去。那里,月亮已经升起来了。长笛和萨克斯,都在月亮下闪出神气的光,一道金黄色,那是黄铜的萨克斯;一道银白色,那是白银的长笛。

词语积累

恍惚:神志不清。
沉浸:浸泡,浸入水中。
健壮:强健。
神采飞扬:形容兴奋得意,精神焕发的样子。
蓬头垢面:形容头发很乱,脸上很脏的样子。

夏夜的梦

1. 草丛里的演奏家

月亮，把柔和的、银色的光，洒在大地上，也洒在这一片小小的草丛上。星星，眨巴着好奇的眼睛，望着大地，也望着这一片小小的草丛。草丛里，一片宁静。纺织娘、油葫芦、金蛉、蝈蝈们在等待着，等待着草丛里最有名的演奏家——蟋蟀吉铃的到来，为他们演奏几支轻快的乐曲。

萤火虫姑娘提着一盏淡绿色的灯,心"咚咚"跳着,盼着吉铃。

身材**苗条**的蚂蚱姑娘,穿着一件淡绿色的连衣裙,心"怦怦"跳着,也盼着吉铃。

蟋蟀吉铃,个子长得特别瘦小,只有普通蟋蟀的一半大。但是他的外套是那么合身、那么鲜亮,在月光下闪着奇异的亮光。他的两根触须轻轻摆动着,风度优雅地向大家致意。

"噢,真神气!"蚂蚱姑娘说。

"多有派头,噢!"萤火虫姑娘说。

"嘘——"纺织娘严厉地发出这个声音,厌烦地瞪了一眼萤火虫和蚂蚱。

草丛里,又恢复了宁静。

吉铃伸展开他的膜翅,开始演奏。

夏夜的梦

当他奏出的第一个音符在草丛里回荡的时候,小小的野花颤抖了,细细的草叶舞蹈了……

"唧——"最后一个音符,在草丛里消逝,像草叶尖的一滴露珠滴落。

草丛里一片**欢腾**。无数根触须向吉铃伸来，热情地晃动着，想同吉铃的触须碰一下，就像人们握手一样。

吉铃的触须和每一根触须碰着，当然，也不忘记萤火虫和蚂蚱那摇得急急的触须。

"嚓，嚓，嚓！"啊，这是人的脚步声。每当草丛里这些小小的居民们欢唱时，这样的脚步声总要带来灾难。

"嚓，嚓，嚓！"近了，更近了，可怕的脚步声！

2. 给"大将"补补牙

来的是个小男孩，他带着电筒和蟋蟀罩，走到吉铃躲着的这块石头旁。男

孩搬开石头,"刷!"雪亮的电筒光照到了吉铃身上,接着,蟋蟀罩罩了下来。吉铃被捉住了,关进了小竹筒里。

"这么小,只能给我的'大将'补补牙。"男孩很不满意地嘟哝。

第二天,吉铃觉得一阵天翻地覆,不明不白地掉进了瓦盆里。

"咚!"瓦盆里又落下来一只蟋蟀。这是只威武的蟋蟀,又高又大,两根触须在吉铃身上乱扫,向吉铃一步步紧逼过来。

"大将"张开大牙,向吉铃扑去。吉铃也只好张开大牙保护自己。"大将"的大牙和吉铃的大牙互相咬住了。"大将"把头一甩,吉铃的身子立即向上飞起来,

孤独的小螃蟹

"啪",落到了瓦盆外面。

"让你跳三跳。"男孩说着,用脚在吉铃身后"啪啪"地踩,逼着吉铃跳了三跳。

"再把你掼三掼。"男孩抓着吉铃,把他向空中抛上去又接住,连续抛了三次。

吉铃怒火中烧,头昏眼花。

"好,"男孩说,"现在你的脾气一定变得很坏,又有'牙'了吧?再让'大将'补一补牙。"

男孩正要把吉铃放进瓦盆去的时候,一个女孩跑过来,对男孩说:"不,不!别让他们再打架了,他这么小,会被咬死的。哥哥,把他给我吧!"

"那么,好吧……"男孩扫兴地把吉铃放在女孩手里。

"别怕,小蟋蟀,别发抖哇!"女孩的声音是那么温柔。

女孩把吉铃放进一只小巧的瓦盆,笑眯眯地说:"我可不让你去打架,我要让你演奏好听的乐曲。"

"这里不需要音乐,我再也不演奏了。"吉铃心里升起一阵悲哀。

3. 瓦盆里的音乐

傍晚,女孩把瓦盆端到窗台上,打开盖子,呆望着吉铃。

"我多么想听你的演奏哇,音乐家!"女孩充满希望地说。

窗外一棵葡萄树,挂着一串串晶莹透明的葡萄。数不清的葡萄叶,摇着绿色的手掌,招来一阵阵微风。

"唉——"女孩有点儿失望地叹了一口气。吉铃抬头望着女孩,望着她黑亮的眼睛,那里面,映着一个自己。

突然,一阵带夜来香味儿的风,送来一阵轻微的音乐,那么奇妙,那么神秘,这是远处的蟋蟀在演奏。

夏夜的梦

这遥远而轻微的音乐,勾起了吉铃的回忆。他好像还在那草丛里。湛蓝的天空中,浮着橙色的圆月,草丛里升起了淡淡的暮霭……他开始调弄起琴弦来。

一会儿,瓦盆里响起了吉铃那清亮的琴声,琴声又飘出窗口,在夜幕中萦回。

星星出来了,是为了来听这瓦盆里奇妙的音乐?月亮给吉铃的黑袍映上一层淡淡的银光,这是对瓦盆里的音乐家的奖赏?那浑圆的葡萄叶子"沙沙"响,是绿色的手在鼓掌吗?

听着吉铃的演奏,女孩的心像一朵淡淡的云,飘得很远很远。她感到多么幸福啊,她的蟋蟀不再沉默,不再记得自己的哀伤,他在演奏。

月光下，女孩甜蜜地睡着了，把她的微笑留在了脸上，把她的微笑带进了梦里……

园子里，住着一个小提琴手。当吉铃开始演奏的时候，小提琴手把窗子轻轻地打开。音乐，随着轻轻的风，流进了窗口。

小提琴手被吉铃的演奏惊呆了："啊，这是杂乱的怪石间流过的一道清冽柔和的小溪，这是落在干裂大地上的一阵清凉甘甜的细雨。我的心像琴弦一样颤动了！多么明快的旋律，多么神奇的颤音，多么和谐的和声，奏出了夏天晚上梦一般的美丽。对，我一定要把它谱成小提琴独奏曲！"

小提琴手的眼睛,闪着兴奋的光。

4. 萤火虫和蚂蚱

一点儿淡绿色的光飘进了瓦盆,一个浅绿色的身影飞进了瓦盆。

"啊,蚂蚱!啊,萤火虫!"吉铃惊奇地看到萤火虫和蚂蚱来到了他的身边。这是多么高兴的事,可萤火虫和蚂蚱却哭了。

"你们怎么知道我在这里?"吉铃问。

"你的演奏,我们远远地听到了。"萤火虫抽泣着,轻声说,"我一直带着灯飞来飞去地找你,你不想我……我们吗?"

蚂蚱也泪流满面地说:"我为了找你,瘦了很多,你……看不出来吗?"

"……"

"你干吗独自在这里演奏呢?"萤火虫和蚂蚱问。

吉铃说:"一位小女孩救了我。这如梦的月夜,唤起了我对家乡、对朋友的依恋,我在抒发牵挂家乡、惦记朋友的情思呀!"

女孩醒了,她是被萤火虫和蚂蚱细细的哭声惊醒的。

"哟,我的蟋蟀还放在窗台上呢。"女孩跳了起来,"我要把瓦盆盖好,要不,他会受凉的。"她走到瓦盆前,往里一看:咦,蟋蟀的身边,有一只萤火虫和一只蚂蚱。

女孩笑了,说:"你们是他的好朋友吧?可是,他该睡觉了,你们也该回家了。"

萤火虫和蚂蚱从瓦盆里飞走了,临走还绕着瓦盆依依不舍地飞了几圈……

5.月夜下的忧伤

三天了,吉铃一次也没有演奏过。过去的回忆,常常折磨他,使他的心情变得很沉重。

在他睡着的时候,总要梦见可爱的家乡——那一片葱绿茂盛的草丛,那淡淡的月光和闪烁的星星,那花瓣上晶莹的露珠和轻轻舞蹈的草叶,那草丛里数不清的伙伴们,当然,还有那可爱的萤火虫和蚂蚱。

"三天了,我没有看到萤火虫和蚂蚱,她们为什么不来了呢?"吉铃感到一

夏夜的梦

一阵深深的忧伤。

女孩在梦里听到一阵低低的音乐声。那是一首充满思念的曲子,好像秋天的树叶,在秋风里呻吟着飘落;好像冬天的白雪,在太阳下"滴答滴答"地流泪……是谁,会有这样的忧伤呢?

女孩从梦中醒来,听到这音乐是从她的瓦盆里发出的,是她心爱的蟋蟀在演奏。"啊,我的朋友,你好像很不快乐呀?"她轻轻打开瓦盆盖,难过地说:"难道我对你不好吗?你有什么不愉快就不能告诉我吗?"眼泪从女孩的眼睛里流了出来。

"叮,叮!"紧紧关着的窗子上,有谁在轻轻地敲着玻璃,女孩抬起头,惊

呆了!

玻璃窗外,飞舞着数不清的各种昆虫,窗台上,也密密地停满了昆虫。许多的昆虫,用他们的头和身子,在玻璃上撞着,那样的坚决,那样的不顾一切。

啊,他们想飞进窗子里来。

"叮,叮,叮!"女孩打开了窗子。

纺织娘、萤火虫和蚂蚱带头,轻轻地叫唤着,停在瓦盆周围。

"吉铃,吉铃!"所有的声音一起叫着,所有的触须都伸向吉铃。

什么话都不用说了,这两个字包含了多少感情,多少思念哪。女孩虽然听不懂他们的话,但看到这奇特的一幕,她明白了……

6. 夏夜的梦

这是多么动人的情景,发生在静悄悄的夏夜。

女孩双手捧着瓦盆,向园子外的一片草丛走去。数不清的昆虫,跟

着她。

纺织娘带头唱了起来,于是,所有会唱的昆虫都开始唱了起来。油葫芦唱着,蝈蝈唱着,金蛉也唱着,他们的歌,交织成一支大合唱。

蚂蚱在女孩的身边蹦跳着,灰色的蚂蚱、绿色的蚂蚱、一切会跳的昆虫,为女孩表演着自己的本领。

萤火虫们,围绕着女孩尽情地飞舞。这无数盏淡绿色的灯,像无数颗流星,在女孩身边画出无数道淡绿色的弧线,在夜空下,显得多么美丽!

草丛到了,野花和小草为女孩跳起了欢乐的舞蹈。清凉的晚风,吹拂着女孩柔软的头发,送给她草丛里泥土的芳香。

夏夜的梦

女孩打开了瓦盆盖，把瓦盆倾倒，微微颤抖着说："出来吧，我的蟋蟀，你到家了……"

吉铃爬到女孩的手心里，用他的触须连连碰着女孩的手指。女孩把吉铃举起来，在脸颊上轻轻贴了一下，凉凉的、痒痒的，这种奇异的感觉，是那么的陌生，又那么熟悉，一辈子也忘不了。

"再见了，蟋蟀！"

吉铃用触须在女孩的脸上碰了一下，一纵身跳进草丛，不见了。

纺织娘、油葫芦、蝈蝈和金蛉，他们也跳进了草丛，不见了；灰色的蚂蚱和绿色的蚂蚱，也跳进了草丛，不见了。

围绕在女孩身边的淡绿色的流萤，落进了草丛，天上的流星，也落进了草

丛，都慢慢地不见了。

"他们都回家了，一定会很高兴的。"女孩捧着空的瓦盆轻轻地说着。她真想高兴地笑一笑，可是，她哭了……

圆圆的月亮，闪闪的星星，请你再照得亮些，从女孩晶莹的眼泪里，看一看那颗纯洁的透明的心。

女孩离开草丛了。

女孩睡在软软的床上了，她身上带着草丛里泥土的芳香。

夏天的夜，多么静啊！

当女孩闭上眼睛，快要睡熟的时候，风儿从草丛里带来了蟋蟀的歌声。

像幽谷里一片飘飞的树叶，落到了深潭静静的水面，轻轻打转，荡起一圈圈细细的涟漪；像山洞里一滴自由的泉水，滴落在光滑的岩石上，发出一声声轻轻的回响。吉铃的演奏，融合着对女孩的感激和对草丛的热爱。

　　小提琴手的窗口，传来了悠扬的琴声。这是小提琴手在演

奏《夏夜的梦》。琴声里，女孩听到了原野上，轻吹的风，月亮和星星亲密的交谈，草丛里昆虫们盛大欢迎会上优美的祝酒辞……

近处的琴声，远处蟋蟀的演奏，交织成人和大自然的二重奏，在静静的月夜回荡。女孩笑了，睡着了。

她正在做着一个夏夜的梦。

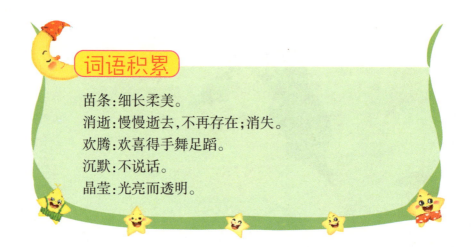

词语积累

苗条：细长柔美。
消逝：慢慢逝去，不再存在；消失。
欢腾：欢喜得手舞足蹈。
沉默：不说话。
晶莹：光亮而透明。

蛤蟆的明信片

住在乡下的蛤蟆,一直还是这么穷。新年快到了,他又开始想念在远方的青蛙老弟。

"今年,得给青蛙老弟寄一张真正的贺卡了。以前总是用明信片代替,也太寒酸了。"

蛤蟆走到村口的小店里去买贺卡。但是,蛤蟆没想到所有的贺卡都那么贵,买哪种他口袋里的钱都不够。最

后，蛤蟆还是买回了一张明信片，是不用贴邮票，也不用套信封的那种。

蛤蟆的字不好看，他再认真写，字还是歪歪扭扭的。他这样写：

青蛙老弟：

你好吗？

我很想念你。去年你没有回信，是不是因为很忙？有空回来看看，要过年了吃得好一点。

蛤蟆老哥

蛤蟆的脑子里，总是浮现出青蛙出村那天的情景：真的要离开家了，青蛙忽然害怕了。他就拍拍青蛙的背说："不

怕,好好在外面闯,真的不行了,就回来,有你蛤蟆老哥呢!我每年过年都给你寄贺卡,就算老哥在陪你!"青蛙听了,就流下眼泪。但他还是一边回头一边越走越远了。

"嘿嘿。"蛤蟆想到这里,就苦笑

孤独的小螃蟹
GU DU DE XIAO PANG XIE

了一下,"说是寄贺卡,可一次也没有寄过,都是用明信片代替的。唉,这贺卡也太贵了,不值。"

蛤蟆又在明信片上加上一句话:"用明信片代替贺卡请多多原谅。"

蛤蟆向明信片深深地弯了一个腰,就算是向青蛙行了一个祝福的礼,然后把它投进了信箱。

"青蛙老弟,蛤蟆老哥祝你新年快乐!"

邮递员打开信箱取信时,从一堆漂亮的贺卡中看到了这张朴素的明信片,就顺便看了看上面的内容。

"啊,蛤蟆虽然穷,可是对朋友很诚心呀!"

蛤蟆的明信片

为了表示自己的心情,邮递员在明信片的边框上添画了花纹,这样,可以让明信片显得有点节日的气氛。

信被送到了邮局,邮局里的小姐姐看到了这张明信片。

"啊,蛤蟆虽然穷,可是对朋友很诚心呀。"

为了表示她的心情,她也在明信片的空白处,添画了几片树叶和一朵鲜花。这样,明信片又漂亮了一些。

明信片在寄往青蛙家的路上,经过了很多人的手,大家都会看一看。看了之后,大家都会有一种感觉:现在是什么年代了,还在用最低档的明信片表示祝贺,真是太老土了!

蛤蟆的明信片

但是，大家心里还是会生出同情和感动，忍不住要往上面添画，来表示一下自己的心情。

明信片本来就不大，很快就画满了。没地方画了，大家开始想别的办法，比如：往上面扎丝带，粘花瓣，当然，还有洒香水。

明信片已经变得很漂亮，显得厚了一些，重了一些，蛤蟆写的字显得更笨更难看了。

明信片送得并不顺利。按照地址，明信片送到了青蛙的家。但是，青蛙没有在家，门上也积了厚厚的灰尘。

住在隔壁的人说："青蛙先生的信？他早就不住在这里了！早就搬走了！"

邮递员问:"那请问青蛙先生搬到哪里去了?"

"他做生意发了大财,还会住在这里?上半年就搬走了。香格里拉街一号的花园别墅!你们把信送到那里去吧。"

"砰"的一声,隔壁的人家把门关上了。

邮递员又把明信片带回来,放进了一个塑料筐里。这满满的一筐装的都是贺卡,全是寄往一个地方的:"香格里拉街一号花园别墅青蛙先生收"。

蛤蟆的明信片,随着满满一筐贺卡,送到了香格里拉街青蛙先生的府上。

与那些豪华精致的贺卡相比,蛤蟆的明信片显得那么的不同。

晚上,在暖暖的灯光下,青蛙在看那

蛤蟆的明信片

些贺卡。当他看到蛤蟆的明信片时,忽然就呆住了。

青蛙翻来覆去地看着,心里酸酸的,好像要流泪了。

蛤蟆老哥的明信片,让他好感动:想不到乡下的蛤蟆老哥还记着他;想不到蛤蟆老哥每年都忘不了给他寄贺卡(虽然是用明信片代替的);想不到蛤蟆老哥还会把明信片弄得那么漂亮(好像太俗气了点);想不到蛤蟆老哥还是……还是那么穷……

"去年忘记给蛤蟆老哥回寄贺卡,今年一定要给他回了。"

青蛙挑了一张最豪华的贺卡,在桌上摊开,开始写:"蛤蟆老哥:你……"

孤独的小螃蟹

刚写到这里,青蛙的脑子里,浮现出多年前蛤蟆送他出村的情景:世界这么大,他现在要离开家乡去流浪,他是多么害怕。

蛤蟆拍拍他的背说:"不怕,好好在外面闯,真的不行了,就回来,有你蛤蟆老哥呢!我每年过年都给你寄贺

卡,就算老哥在陪你!"

他当时听了,好感动,胆子也大了些。

他想,一定要在外面好好做,过年带很多好吃的回来给蛤蟆老哥。他一边走还一边不断地回头,看到蛤蟆一直站在那里看着他走远。

"唉,没想到,我这一走,再也没有回去过……"青蛙叹了长长一口气,感到心里又沉重又疲倦。

青蛙趴在桌子上睡着了。

第二天早上,青蛙坐在飞机上,望着窗外。他已经记不清这是第几次出国了。这次他要去世界上最美丽的城市,那里有一笔大生意的合同等着他去签字。

窗外是丝一般的云,云的下面,还

可以看到一片片黄色的土地和起伏不平的山脉。

"黄色的土地,往往是比较落后和贫穷的……"青蛙喃喃地对自己说。

忽然,他浑身一抖,差点叫出声来:"贺卡!我走之前忘记把贺卡寄出了!"

他这次出去大概要一个月,等他回来,年早就过了。

昨天晚上,青蛙只把贺卡写了一半就睡着了。

现在,那写了一半的贺卡,正静静地躺在那张贵重的红木桌子上。贺卡上这样写着:"蛤蟆老哥:你……"

就在这同一时间,在乡下的村子离大路最近的地方,蛤蟆坐着,望着大路那

蛤蟆的明信片

头发着呆。

蛤蟆自己知道，他不是发呆，他其实是在等信。他希望能收到青蛙老弟的信。不过，他不好意思让人家看出来是在等信，就故意装出发呆的样子。

"出门在外的人都很辛苦，说不定青蛙老弟根本没有时间写信。再说，没时间写信，说明他很忙，他很忙，那他就是在外面干得还不错……"

蛤蟆这样安慰自己。

天上飞过一架飞机。

飞机的"隆隆"声打断了他杂乱的思路。

蛤蟆抬头望着呼啸而过的飞机，心里又想："唉，要是飞机里坐着我的青蛙老弟就好了。"

这样一想，蛤蟆就站起来，朝着飞机飞去的方向，鞠了一个躬。

蛤蟆变得高兴多了。

如果蛤蟆知道这架飞机里真的坐着他的青蛙老弟，他一定会更高兴的。

词语积累

代替：以甲换乙，起乙的作用。
朴素：不浓艳，不华丽。
流浪：生活没有着落，到处转移，随地谋生。
安慰：安顿抚慰。
呼啸：发出高而长的声音。